Cte H. G. C. DE VILLERS

PARIS

HENRI JOUVE, ÉDITEUR

15, RUE RACINE, 15

1893

LA

SAINTE ALLIANCE

PAR

Le Cte H. G. C. de VILLERS

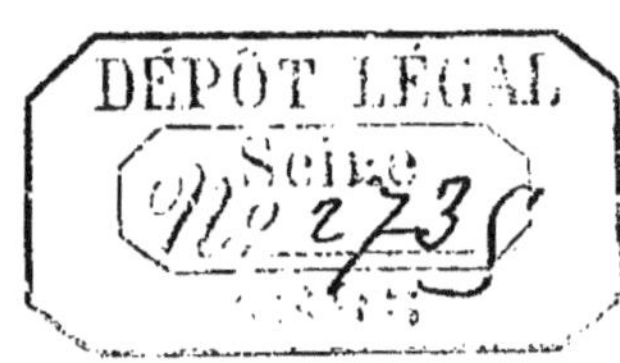

PARIS

HENRI JOUVE, EDITEUR

15, RUE RACINE, 15

—

1893

A Monsieur Féry d'Esclands

Ancien Président de la Ligue des Patriotes,

Président de la Société des Amis de la Russie,

Je dédie la Sainte-Alliance.

H. DE V.

Paris, le 1er Mai 1893.

Le *Figaro*, dans le cours de l'année écoulée, avait eu la curiosité de faire interviewer un certain nombre de personnages Allemands touchant l'Alsace-Lorraine.

On se rappelle encore l'impressionnante unanimité avec laquelle tous se prononcèrent.

« Ces provinces sont surtout considérées par
« eux comme une porte trop aisément ou-
« verte sur l'Allemagne et dont la France avait
« par trop largement usé, dans les temps qui pré-
« cédèrent la collision Franco-Allemande de 1870-
« 1871. Jamais l'Allemagne ne rétrocèdera ces
« provinces, sous quelque prétexte que ce soit,
« si on les veut, qu'on vienne les reprendre ». —
Voilà bien le fond et le véritable sens de tout ce qui fut dit.

Aller les reprendre, cela n'est peut-être pas facile. Mais ce n'est pas impossible.

Je veux envisager une bonne fois la question
en toute liberté, en toute franchise. Je ne me ser-
virai pas des arguments plus ou moins senti-
mentaux tant de fois présentés, de quelque
nuance d'opinion politique qu'ils fussent em-
preints.

M'élevant au-dessus des coteries, j'ai l'intime
conviction de faire œuvre de patriote et de bon
Français, si j'entre à fond dans le vif de la question, appelant ouvertement les choses par leurs
noms, comme il convient à tout ami sincère de
l'immuable et éternelle vérité.

Ce faisant, je ne me défends pas de toute idée de
chauvinisme. On ne manquera pas de m'en accu-
ser, quoique je me sois rigoureusement tenu
sur le seul terrain pratique qui existât : celui des
ntérêts de mon pays.

I

Depuis vingt et un ans, la France a fait les plus grands sacrifices pour mettre au point son armée, avec tout le matériel qu'elle comporte.

Les officiers étrangers, tous très-compétents, qui ont périodiquement assisté à nos manœuvres officielles, l'ont jugée du dernier perfectionnement, dans les rapports adressés à leurs gouvernements respectifs.

Notre infanterie est compacte. Elle se sent bien les coudes. Son nouveau fusil, qu'elle connaît parfaitement, est appelé à faire merveille.

Le Concours National de Tir, à Satory, et la victorieuse expédition du Dahomey depuis, en ont donné la preuve suffisamment convaincante à ceux qui auraient pu en douter.

Notre artillerie n'a pas d'égale, d'après l'opinion générale. Son matériel est complet en canons, en munitions, en outillage de rechange. Les équipages sont tout prêts.

Quant à notre cavalerie, sur laquelle tant de critiques ont été exercées depuis quelque temps, que l'on estime qu'elles soient justifiées, cela m'est indifférent. Mais je demande, en revanche, que l'on retienne son admirable esprit de corps, son étonnant entrain, son énergie endiablée, pour préjuger que le jour où elle aura à se mesurer contre quiconque, elle renouvellera ses glorieux exploits d'antan ; et, ajouterai-je, dans des conditions de beaucoup meilleures que jadis.

Parlerai-je de la marine ? Elle a trouvé, elle aussi, ses détracteurs, au double point de vue de son matériel et de ses armements.

Mais tout son personnel d'officiers et de marins, depuis le plus humble des *mathurins* jusqu'au plus valeureux de nos amiraux, est à la hauteur des héroïsmes nécessaires.

Courbet est mort.

Vive Courbet !

II

On a donc raison de juger que la colossale machine de guerre que possède la France, avec tous ses rouages et annexes scientifiques dont la précision ne laisse plus rien à désirer, est prête pour l'infernale avalanche qui balaiera tout sur son passage.

D'autre part, si l'on considère les peuples de l'Europe entière, on les trouve surmenés par les exigences militaires. Leurs budgets crèvent, débordés par les dépenses insensées que veulent les armements, aussi bien que leurs transformations continuelles (1). — Tel Sisyphe roulant son ro-

(1) Ceux qui désirent se rendre compte, autrement que par des mots, de la véritable folie militaire qui dévore l'Eu-

cher ; telles les Danaïdes remplissant éternelle-
ment leur tonneau sans fond !

A côté de cela, n'entend-on pas, de tous les
points de la Carte, les sourds murmures, les mys-
térieuses rumeurs ? Cette agitation, qui est comme
l'avant-coureur belliqueux de l'impitoyable liquidation de tous ces budgets tant obérés, ne dit-
elle donc rien ? Et tous les sacrifices qu'un grand
peuple s'est imposés pour se hisser sur la plate-
forme de la victoire, seraient-ils d'une expecta-

rope peuvent avantageusement consulter l'intéressant tra-
vail de M. le capitaine *Molard*, de l'état-major de la
19ᵉ division d'infanterie, récemment publié sous le titre :
La puissance militaire des Etats de l'Europe.

Voici ses conclusions :

En 1870, l'Europe consacrait annuellement à la prépa-
ration de la guerre une somme de près de *trois* milliards ;
aujourd'hui cette somme est portée à près de *cinq* milliards.

En 1870, l'Europe entretenait un peu plus de *deux* millions d'hommes sur le pied de paix ; aujourd'hui elle en en-
tretient près de *trois* millions et demi.

En 1870, l'Europe estimait pouvoir mettre en ligne, en
cas de guerre et comme suprême effort, près de *sept* millions d'hommes ; aujourd'hui elle en mettrait *douze* millions
et demi, et ses lois tendent à porter ce nombre à plus de
VINGT-DEUX MILLIONS !

tive vaine rappelant aux esprits sceptiques les exploits de don Quichotte contre les moulins à vent ?

Non.

La France vaut mieux que cela.

On m'objectera : avec quelle imprudence, quelle légèreté, parlez-vous des choses les plus graves ! Vous ne comprenez donc pas que c'est de l'avenir même de l'Europe dont vous égayez votre plume en écrivant ainsi ?

— Allons, allons ! répondrai-je, arrière ! vous autres, les pleutres de toutes les nations, qui pensez, en vous dodinant dans une égoïste tranquillité, que l'affreux cycle dans lequel se meuvent aujourd'hui les peuples de la vieille Europe survivra à votre torpeur béate, à votre terreur profonde et soudaine, quand on vous assure qu'il s'agira bientôt d'empoigner un fusil pour courir aux frontières.

Le moment est proche. L'heure ne tardera pas à sonner. C'est l'enragé, le gallophobe Crispi qui l'a annoncé, dans de violents articles écrits contre

la France, publiés en Amérique par le *Herald*
et la *North American Review*.

Familiarisez-vous donc vite, dès maintenant
avec cette idée, quelque triste et désespérante
qu'elle soit pour vous autres.

III

Qui oserait se montrer inquiet pour ce qui est de la FRANCE ?

On sait par avance que, les temps consommés, elle sera toute en armes comme un seul homme ; qu'elle se jettera avec un enthousiasme et une intrépidité impitoyables sur son ennemi. — Ce sera un épouvantable mêlée sans pitié ni merci, dans laquelle on en verra encore beaucoup de notre génération des vaincus de 1870 se lever pour laver l'affront, et venger nos camarades si noblement tombés dans ces jours néfastes !

Ne s'aperçoit-on pas que ce que l'on appelle *La Triple Alliance* craque depuis des années et de tous les côtés ?

L'Allemagne est travaillée par l'amour-propre déçu et le mécontentement légitime d'un grand homme, dont la chute brutale peut servir de sérieux exemple à ceux que l'autorité du Pouvoir Absolu serait impuissante à convaincre ; et aussi par un socialisme qui ne laisse aucune trève à son gouvernement. Même son armée, à laquelle aucun Allemand n'avait jamais osé toucher jusqu'à ce jour, qui n'est déjà plus en dehors des débats ! — Nous savons de plus que son armement est défectueux ; que ses fusils *Loewe* ne valent que peu ou rien. — Le langage de la *Gazette de Cologne*, à la date du 24 décembre dernier, dans un article qui finissait ainsi : « *Pour nous autres Allemands, il n'y a qu'une consigne : la main sur la poignée du sabre, la poudre au sec et voter la loi militaire !* » ce langage, dis-je, n'était nullement fait pour nous déplaire. Quant au reste du contenu de cet article, de sottes élucubrations en manière de rodomontades ou de stupides injures, il nous a passé par-dessus l'épaule, sans même que nous ayons daigné nous retourner pour voir dans quel égoût il allait s'abîmer. Autant en emporte le vent !

L'Italie, après avoir vendu sa sœur aînée pour un misérable plat de lentilles qu'elle ne digèrera pas, est également en proie à des difficultés intérieures d'un autre ordre que, seule, sa ruine prochaine viendra résoudre. — Et ce n'est pas ce pseudo-ami de la France, dont le nom est Crispi, qui la conjurera. Tout le monde a connu ses dernières voltes-faces, dont M. Ranson rendait compte dans *Le Journal*, vers la fin de décembre 1892. Toutes ces déclarations sont à la vérité ce qu'une encre bourbeuse est à l'eau de roche. Elles sortent d'un *faux* Crispi. Le véritable, le seul vrai est celui qui a haineusement dégorgé tout son fiel à notre endroit dans la presse Américaine que j'ai citée plus haut.

Et quant à l'Autriche, la pauvre Autriche ! qui se désagrège d'elle-même, elle n'a déjà d'autre avenir, après son morcellement fatal, que celui de servir un jour de tampon entre l'Europe et les Balkans. — Celle-là peut accroître ses armements et augmenter ses cadres. Nous sommes bien loin du temps où l'Empereur d'Allemagne avait son trône à Vienne. Ce n'est pas l'Autriche d'alors qui se fût laisser duper par la Prusse d'aussi lamentable façon !

Est-ce que le moment n'est pas propice pour parachever cette sanglante lessive qui remettra tout en bonne place et fera définitivement jouir les peuples d'une paix si universellement désirée!

Qu'attend-on alors ?

IV

Regardez à l'horizon.

Qu'y voyez-vous ?

Moi j'y découvre un grand Empereur, placide et impeccable, poursuivant implacablement, sans que rien l'en distraie ou l'en détourne jamais, la Destinée de son peuple.

Que veut-il ?

Que cherche-t-il ?

Lisez dans ses yeux limpides et grands ouverts.

Sa pensée s'y réflète éclatante.

L'Empereur poursuit non l'anéantissement de l'Allemagne dont il n'a que faire, mais son amoindrissement.

Il aime la France. La France l'aime et l'admire. Les deux peuples s'adorent.

De prudents formalistes eussent désiré qu'un traité d'alliance entre les deux nations Française et Russe existât en bonne forme et fût dûment signé : à l'instar de l'acte qu'un officier ministériel remet à son client, après l'avoir légalement revêtu de toute la forme authentique.

Que les Français ne s'obstinent donc pas plus longtemps dans ce sens par trop bourgeois.

Qu'un traité soit ou ne soit pas matériellement, il y a des actes publics qui valent mieux que les documents secrets conservés dans le silence poussiéreux des Chancelleries.

Or, quand S. M. l'Empereur de toutes les Russies télégraphia au Président de la République Française, lors de la présence de notre escadre à Cronstadt, la dépêche qui est encore dans toutes les mémoires, il n'est pas douteux qu'il y apposa très-délibérément une signature qui valait tous les traités d'alliance passés, présents et futurs.

Voici le texte de cette dépêche, qu'il n'est certes pas inutile de relire :

La présence de la brillante escadre française qui mouille en ce moment devant Cronstadt, témoigne une fois de plus des sympathies profondes qui unissent la France et la Russie.

Il me tient à cœur de vous en exprimer ma vive satisfaction et de vous remercier du vrai plaisir que j'éprouve à recevoir les braves marins Français.

ALEXANDRE.

Cette dépêche fut immédiatement suivie d'un télégramme du Président de la République Française, adressée à S. M. l'Empereur de Russie, dont je tiens également à reproduire les termes :

Je suis vivement touché des sentiments que Votre Majesté a bien voulu m'exprimer à l'occasion de la présence de notre escadre.

Nos braves marins n'oublieront pas l'accueil si cordial dont ils sont l'objet.

J'en remercie Votre Majesté, et je suis heureux d'y voir un éclatant témoignage des sympathies profondes qui unissent la Russie et la France.

CARNOT.

Notre escadre se composait des navires : *La Lance*, le *Marengo*, le *Requin*, le *Marceau*, le *Furieux* et le *Surcouf*. Elle avait pour chef l'amiral Gervais qui, dans cette mémorable circonstance, remplit sa mission de confiance avec un tact et une mesure, dont le souvenir sera l'éternel honneur de sa carrière.

La flotte jeta l'ancre devant Cronstadt, vers midi, le 23 juillet 1891. Après des réceptions et des ovations sans nombre, elle reprenait la mer le 8 août suivant et mouillait, en rade de Porstmouth, le 12 du même mois, avant de rallier la France.

Un journal Viennois, le *Wiener Tagblatt*, a affirmé, à la date du 13 janvier dernier, qu'il y

avait eu, au mois de novembre 1892, des négocia-
tions entre la Russie et la France, en vue de conclure une convention militaire sur les bases sui-
vantes :

« Si la Russie ou la France est attaquée par
l'Allemagne seule ou par l'Allemagne et ses alliés,
celle des deux puissances contractantes qui ne
sera pas attaquée directement s'engage à mettre
600,000 hommes sur pied dans un délai de six
semaines, et à mettre encore une fois 600,000
hommes en campagne dans un délai de trois
semaines à partir de l'expiration du premier délai
de six semaines. La Russie et la France s'enga-
gent en outre à ne pas signer la paix l'une sans
l'autre. »

Vraie ou controuvée, malgré que cette nouvelle
n'eût rien que d'agréable pour nous, elle ne nous
a ému qu'assez médiocrement. La politique d'in-
térêts, en dehors des sympathies mutuelles, soude
trop fortement l'une à l'autre les deux nations,
pour qu'il soit nécessaire de déclarer encore que
la Russie doit compter entièrement sur la France,

de même que la France compte absolument sur la Russie.

Pourquoi ne pas ajouter aussi, avec fierté nationale, avec un orgueil légitime, que l'histoire est là pour démontrer qu'en semblable occurrence nous avons pu éprouver des mécomptes, mais que nous n'en avons jamais fait supporter à aucun allié.

La Russie le sait bien et nous savons aussi que c'est ailleurs que chez elle qu'il faudrait aller chercher la duplicité.

V.

Il est vrai que depuis Cronstadt, il y a eu le voyage de S. M. Alexandre III à Kiel, Mais Mgr Le Grand-Duc Constantin est allé à Nancy. L'opinion publique avait paru s'émouvoir aussi de ce que, peu de jours après, le roi d'Italie fût allé à Berlin. — Pendant que j'écris ces lignes, l'empereur Guillaume II est à Rome.

Peu perpicaces et vraiment naïfs sont ceux qui ont vu, ou verraient là, une cause de modification quelconque à la politique générale des Etats de l'Europe. Ces faits n'ont nullement, vis-à-vis d'une paix viable, la portée que des esprits plus optimistes que profonds se plaisent à leur accorder.

Cette interprétation ne viserait qu'à prolonger une situation qui n'est qu'une horrible impasse dans laquelle nous pataugeons immobiles depuis trop longtemps, véritable cul-de-sac au fond duquel je n'aperçois, selon l'expression populaire, que la reculade pour mieux sauter

Donc, qu'on le veuille ou qu'on ne le veuille pas, nous sommes bien en face de la guerre. Elle est là. Elle nous guette.

Il faut pourtant la voir. Elle nous aveugle.

Tout menace ruine, tout s'écroule et il n'y a qu'une panacée qui s'impose.

Ce seul remède efficace, C'EST LA GUERRE!

VI

Est-ce que la République aurait encore peur de sombrer dans la bagarre ?

Le successeur de Pie IX au trône de Pierre, le Grand et Libéral Léon XIII, lui a solennellement octroyé le *Sacrement de Confirmation* qui lui manquait.

La retentissante lettre du cardinal *Rampolla* a mis définitivement la déroute dans le parti monarchique. La déclaration de la Droite qui l'a suivie a fait l'effet d'une trompette trouée de balles qu'on ramasserait sur un champ de bataille pour sonner le ralliement.

Plus de son ! Du vent, rien que du vent!

C'est assez dire combien tout serait impuissant à opérer la miraculeuse résurrection de partis, que la force des choses a déja poussés dans l'ère des stériles regrets doublés de respectables souvenirs.

Nous sommes à une époque où, comme les les morts de la ballade, les Princes français sont allés vite.

On pourra voir encore ondoyer leurs panaches dans nos armées, comme on vit celui du brave *Robert Lefort* en 1870. Mais il paraît dorénavant peu probable qu'ils ceignent jamais la couronne.

Depuis quinze ans, grâce à la défection désormais fameuse d'un homme simple, alors Président de la République, que l'Histoire a déjà sévèrement enregistrée, les conservateurs se sont constamment débattus dans le vide, sans cesser de tournoyer sur place.

Pendant ce temps, la République grandissait et se consolidait, au point de donner des gages plus que suffisants à tous les autres gouvernements pour permettre à la France de reprendre sa place à la tête du concert européen.

C'est bien le cas de répéter que l'homme s'agite et que Dieu le mène !

VII

Si personne ne veut endosser la responsabilité de la guerre, qu'on prenne alors la question à rebours.

Que l'on convie les amis de la Paix, de tous les pays, à se réunir en un vaste congrès dans le but d'y proclamer le désarmement universel. — Mais quel esprit sérieux, digne de ce nom, oserait s'arrêter devant cette généreuse utopie, qui n'est pour l'instant qu'un véritable anachronisme, devançant la palpitante réalité des choses !

Qu'on ne s'y trompe pas. L'Union Franco-Russe, qui paraît née de la nature même des événements, est l'œuvre d'une volonté suprême et mystérieuse.

Là est bien le doigt de Dieu.

La Force prime le Droit, dans l'état général actuel, est un aphorisme nécessairement appelé à disparaître. Cette formule est définitivement usée. Elle est morte. Il faut que l'Allemagne en fasse son deuil.

Je sais bien que « l'Empire allemand est si so-« lidement établi que des légions de diables même « ne pourraient pas le détruire. »

Ce sont les *Muenchener Neueste Nachtrichten* qui s'exprimaient ainsi le 22 juin dernier, en souhaitant la bienvenue à l'ancien Chancelier.

Je n'ignore pas non plus que M. de Bismarck répondait « qu'il fallait se cramponner avec des « griffes de fer à cet Empire allemand, qu'il a « fondé avec le vieil Empereur. »

Mais tout cela ne signifie rien, n'y fera rien. Ce ne sont que des mots.

C'est de l'Union Franco-Russe, véritable SAINTE ALLIANCE, que sortira nécessairement un jour la solution du problème si imprudemment posé par le traité de paix dicté par l'Allemagne en 1871.

Gesta Dei per Francos, AVEC LES RUSSES !

VIII

A la date du 10 juin 1892, la *Koelnische Zei-*
tung affirmait, en guise d'information sensation-
nelle, « qu'au cours de l'entrevue de Kiel, l'em-
« pereur avait formellement déclaré à son parent
« Guillaume qu'il ne viendrait pas au secours de
« la France, si celle-ci voulait rouvrir en face de
« l'Allemagne la question d'Alsace-Lorraine. »

Quelle gazette bien informée pour posséder
ainsi les confidences les plus intimes de son Empereur ! Ah ! le bon billet, et n'est-ce pas encore
là une de ces lourdes naïvetés dont fourmille la
Presse allemande !

Tout le monde sait qu'une alliance, expresse
ou tacite, entre deux peuples est un contrat bila-

téral *causé* par un intérêt quelconque de part et d'autre, *basé* sur des obligations réciproques.

Mais pour les Allemands, qui ont crié à tue-tête « que leurs poches sont déjà fermées pour le prochain emprunt russe », il apparaît que la France seule serait liée envers la Russie, dans l'unique but d'être *son banquier servant* et de la gorger d'or.

Allez, excellents Teutons ! Et merci pour l'opinion vraiment par trop bonne que vous avez de nous.

IX

J'ai décrit plus haut l'état de l'armée française. Croit-on que l'armée russe soit restée en arrière, en dehors de tout progrès? On se tromperait étrangement.

On écrivait, de Saint-Pétersbourg, dans les derniers jours du mois de décembre 1892 : « les fabriques françaises nous fournissent, chaque mois, près de 50,000 fusils. Dans nos manufactures, l'activité n'est pas moins grande. Si la production ne se ralentit pas, avant un an toute l'armée russe, même celle de seconde ligne, sera pourvue abondamment de son nouveau matériel de guerre.

« Quant à la valeur technique de ce matériel, *les*

juges les plus compétents la déclarent supérieure à tous les armements connus.

En outre bien étonnés seraient ceux qui doutent du progrès incessant de l'armée russe, si on les introduisait dans les arcanes compliqués de sa mobilisation. — Son infanterie, dans la campagne de Turquie, a fait preuve d'une extrême solidité, que nous avions d'ailleurs généreusement éprouvée nous-mêmes, pendant la guerre de Crimée.

Sa cavalerie?

Vous est-il arrivé d'assister au débordement d'un fleuve qui déracine tout sur son passage?

Avez-vous contemplé l'affligeant spectacle d'une inondation charriant, comme un fétu de paille, tous les obstacles qu'elle rencontre?

Vous êtes-vous arrêté sur les sommets des montagnes pour contempler avec effroi la course fougueuse d'un torrent furieux, que nulle puissance humaine ne saurait endiguer ou barrer?

C'est la cavalerie russe.

Tels sont ses légendaires cosaques qui ont été, demeurent et resteront, pour de longs temps encore, la légitime terreur des peuples qu'ils ont combattus ou qu'ils sont appelés à combattre.

Quel colosse vraiment extraordinaire !

Et cette force est, pour ainsi dire, indéfiniment renouvelable, étant composée d'éléments innombrables.

Quand il semblera qu'il n'y a plus de cosaques, il y en aura encore, il y en aura toujours.

Si l'on ajoute à cette infanterie et à cette cavalerie une foule de troupes irrégulières qui grouillent à travers l'immensité de l'Empire, certains prétendent que la Russie pourrait, en mettant toutes ses forces sur pied, disposer d'environ CINQ MILLIONS de soldats !

ALORS, encore une fois, POURQUOI ATTENDRE?

X

Qui pourrait affirmer que la prudente Triplice, avant tout projet de combattre, ne proposerait pas d'elle-même et d'abord, contrainte et la main forcée, une neutralisation pure et simple de notre chère Alsace-Lorraine ?

Une déclaration formelle de cette action solidairement parallèle de la France et de la Russie, cette action devenant enfin une réalité radieuse, au lieu du mythe agaçant à propos duquel on a répandu tant de flots d'encre, à défaut de ceux du sang nécessaire, croyons que cela servirait à faire quelque peu trébucher la Triple Alliance.

Après un tel commencement d'exécution, il

serait temps d'aviser. On pourrait certainement s'entendre et mettre fin à cette si irritante question qui, pour le bien et la sécurité de l'Europe entière, ne saurait être éternisée.

XI

Dans ce cas, rien n'empêcherait, mais à cette heure seulement, de discourir sur le désarmement général. Les promoteurs forts de leur initiative combinée pourraient imposer leur exemple et l'on ne se trouverait plus alors en face d'un songe creux, d'une pure utopie.

Alors quel superbe *Te Deum* universel, quel unanime concert d'actions de grâces, quelles touchantes et joyeuses acclamations de la part des peuples, dans le jour où il leur serait donné de posséder simultanément une admirable loi ne renfermant, par exemple, que cet article unique :

« *Le Ministère de la guerre est supprimé.*
« *Désormais tous les crédits budgétaires qui lui*

« *étaient affectés seront répartis entre les autres*
« *Ministères. — Il en est créé un nouveau, dit*
« Ministère de Bienfaisance ! »

Certes, l'humanité tout entière, réunie dans d'éternels élans de reconnaissance, tresserait d'immortelles couronnes à qui aurait opéré la réalisation de ce beau rêve.

XII

Oserait-on dire que cette ultime conséquence
de l'Alliance de deux grands peuples est irréa-
lisable ?

.   .   .   .
.   .   .   .
.   .   .   .
.   .   .   .
.   .   .   .

?

XIII

Mais pourquoi tenir de plus longs propos sur ce sujet, quand un fleuve de sang nous sépare de cette solution pacifique !

Ne nous leurrons pas nous-mêmes.

Il faut d'abord que la guerre, avec toutes ses horreurs, ait fait table rase de la situation présente.

Ceci est malheureusement beaucoup plus humain que cela.

Et ce qui doit le plus glacer d'effroi, c'est que cette atroce calamité apparaît, à travers la philosophie de l'histoire contemporaine, comme un accident inéluctable dans l'évolution des peuples !

XIV

Personne ne s'avisera plus de contester l'immense et universelle popularité d'une telle guerre, après les cyniques et honteuses révélations de M. de Bismarck, au sujet du rôle odieux joué par lui au début de la guerre de 1870.

Cette revendication posthume d'une responsabilité que le vieil Empereur, aidé de ses machiavéliques conseillers intimes, avait aussi habilement que traîtreusement rejetée sur la France, a été un coup de théâtre inattendu pour toutes les Chancelleries de l'Europe.

Il a fallu de bon ou de mauvais gré admettre enfin la vérité et faire amende honorable vis-à-vis de la France, vilipendée depuis plus de vingt ans.

Toute la presse étrangère a dû revenir sur son erreur, avec une unanimité qui n'a eu rien de touchant pour nous dans cette circonstance.

Ce crime épouvantable de la déclaration de guerre, perpétré au milieu des joyeux propos de table du Prince de Bismarck, et imputé à tort à la France, contre lequel celle-ci n'avait en vain cessé de protester, revient donc bien à l'Allemagne seule, qui en a définitivement assumé toute l'horreur par les déclarations de son ancien Chancelier de Fer.

La justice des peuples attend. Elle a soif de vengeance et elle acclame par avance le châtiment qui ne saurait tarder désormais.

Et la première punition de l'Allemagne sera peut-être de faire cette future guerre dans le cruel isolement qui fut jadis celui de la France, par suite de la plus lâche complicité des autres nations qui se soit jamais vue !

La conquête de l'Alsace-Lorraine, qui était un attentat politique, sans autre justification que celle de « *la Force brutale qui prime le Droit* », est devenue un crime de lèse-humanité contre lequel proteste l'état même des choses.

C'est donc l'Humanité tout entière qui se dresse et nous crie :

Debout !

Aux armes et en avant !

XV

Voilà pourquoi :

Gesta Dei per Francos avec la Russie !

Les Français n'oublient pas et n'ont jamais oublié que les Russes connaissent aussi la route de Berlin, selon la vigoureuse expression du général *Komaroff*, l'éminent directeur du *Swiet* (1).

. . . .
. . . .
. . . .

Il nous serait alors donné de voir, avant l'an

(1) Dans une entrevue avec notre confrère M. Victor Joze,

1900, l'Alsace et la Lorraine faire retour à la France.

Ainsi, la fin de notre siècle aurait été digne de ses héroïques et glorieux commencements !

VIVE LA SAINTE ALLIANCE !!!

POLITIQUE INTÉRIEURE

Ceux qui ont vu dans les scandales du Panama la condamnation du régime républicain, ont apprécié les évènements à travers le prisme très-trompeur de leurs passions politiques.

La *prévarication* et la *concussion* ne sont point d'essence républicaine nécessairement, ni exclusivement.

L'histoire de tous les gouvernements, aussi bien français qu'étrangers, est là qui le prouve surabondamment. Les exemples en fourmillent même, à l'heure actuelle, chez tous nos voisins.

L'ALLEMAGNE, après son affaire *Strousberg*, a eu celle *du fonds Guelfe*. — L'ITALIE avait d'abord tenté de nous cacher son *scandale des Banques d'émissions*. — L'AUTRICHE ne s'est pas moins distinguée, avec *Offenheim* et la concession du chemin de fer *Lemberg-Yassy-Czernovitz*. — Voilà pour *la Triple Alliance*. Je néglige les autres nations, dont je n'ai que faire ici.

Il est donc étrange d'avoir vu la haute et la basse presse payées de ces trois pays venir, avec une ignominieuse effronterie, parler de notre « *pourriture* » à propos de Panama. Alors, A POURRIS POURRIS ET DEMI.

Nous avons du moins, sur cette Triplice, l'avantage moral considérable d'avoir vu notre Gouvernement opérer une lessive publique, au lieu de procéder à son exemple par la voie hypocrite de l'étouffement.

De ce qu'une fraction politique a mal géré les affaires de notre pays, cela implique seulement et uniquement la nécessité de les remettre entre des mains plus honnêtes et plus habiles, dirigées surtout par des cœurs de patriotes désintéressés.

Il serait temps enfin que les Français comprissent qu'il est de leur plus grand intérêt de renoncer à des mœurs politiques d'un autre âge, mœurs qui n'ont d'autre effet que d'entretenir l'esprit de parti et de perpétuer des discussions dommageables pour l'unité nationale.

Dans une démocratie comme la nôtre, presque à l'aurore du vingtième siècle, n'est-il pas souverainement irrationnel de penser qu'il faille un empereur pour remplacer un roi, ou un dictateur pour renverser notre République?

Quand une maison est vilainement habitée, on en chasse les locataires. On ne la démolit jamais. Dans la plupart des cas, après l'avoir méticuleusement nettoyée et assainie, on cherche au contraire à en améliorer la construction et les dispositions intérieures.

Ainsi doit-on opérer en politique.

Quand, après expérience faite, il est démontré, qu'une constitution est défectueuse, mauvaise, il faut se hâter de la perfectionner. Mais point n'est besoin de s'attaquer pour cela à la forme du gouvernement.

Sa stabilité est la première condition de la force d'un peuple.

Il est aujoud'hui patent, *ne varietur*, qu'un parti politique qui avait gouverné la France, presque sans interruption depuis vingt ans, a enfin fait faillite. En conclure que la route serait toute tracée pour un autre souverain que le peuple, serait une aberration coupable et antipatriotique.

Il faut, en effet, que l'on soit singulièrement aveugle, si l'on méconnaît la profondeur actuelle des racines que l'idée républicaine a poussée dans l'âme de la France. Le suffrage universel et le suffrage restreint nous en apportent la preuve, l'irréfragable preuve chaque jour.

Toute restauration, on doit bien l'admettre, est désormais impossible. Une tentative quelconque, en ce sens, à laquelle fort heureusement personne ne songe, n'aurait à coup sûr d'autre conséquence que celle de susciter l'affreuse guerre civile, la pire des guerres, et de hâter la venue aux affaires des parties extrêmes, organisés maintenant de façon à faire avorter toute réaction qui ne serait pas républicaine.

Ce n'est certainement pas vers l'obtention de ce résultat que les conservateurs de bonne foi voudraient jamais faire converger leurs efforts.

Débarrassée de ses parasites, la République devra être *ouverte* désormais, *qu'on le veuille ou qu'on ne le veuille pas*, et comporter, par là même, toutes les nuances d'opinions sincères, depuis les plus modérées jusqu'aux plus exagérées, dans les deux sens de droite et de gauche républicaines, avec une majorité compacte, montrant à sa tête des chefs respectés et reconnus comme n'ayant d'autre ambition que l'intérêt et la grandeur de la patrie.

Il est à souhaiter que ce nouvel état de choses soit la conséquence des prochaines élections législatives.

Ce serait alors une véritable réhabilitation du suffrage universel.

Il n'entre pas dans mes vues de faire ici l'énumération de toutes les réformes qui incomberont à la prochaine Assemblée. Mais je forme sincèrement le vœu qu'un autre personnel d'hommes politiques jeunes, franc de toute compromission antérieure, nettement républicain, naisse aux affaires, patriotiquement animé de l'esprit de progrès, désireux de se mettre sérieusement à l'œuvre dans l'intérêt général, débarrassé de toutes les entraves qui ont empêché les anciens partis politiques de faire la besogne nouvelle, nécessitée par un état de choses nouveau.

Ces députés devront travailler d'abord à supprimer l'intervention de l'État, dans une foule de cas et de matières où celui-ci n'exerce son action trop tutélaire que pour brimer et entraver l'initiative de l'individu.

Ils auront ensuite à exiger de ce même Etat une main-mise très-rigoureuse et des plus serrées (à défaut de l'Etat propriétaire) sur toutes les Compagnies de chemins de fer, comme cela se pratique chez nos voisins.

Nous avons soutenu, dans le journal *L'Echo de l'Armée*, une sévère campagne en vue d'atteindre ce résultat. Nous comptons revenir prochainement sur ce sujet, que nous n'abandonnerons plus qu'après avoir fait publiquement reconnaître le bien-fondé de nos justes revendications.

Il faut que tout le monde le sache, et je voudrais le crier encore plus haut, c'est là une question radicale de vie ou de mort, vis-à-vis de notre défense nationale.

Une réforme impérieuse à introduire dans notre constitution est aussi celle de l'élection du Président de la République par le suffrage universel. Il n'existe pas d'autre moyen d'assurer l'indépendance absolue de ce premier fonctionnaire du pays vis-à-vis de tous.

Il est évident que cette élection, telle qu'elle est édictée par la constitution qui nous régit, ne saurait être à aucun titre l'expression du vœu populaire; attendu notamment que les membres qui composent le Congrès ne sont plus eux-mêmes, à ce moment et pour la plupart du moins, les mandataires strictement immédiats de ceux qui les ont investis de leurs mandats.

Tout le monde sait, en effet, que, par la plus fâcheuse des habitudes, conséquence forcée de l'absence de convictions sincères et solides, c'est le propre d'un grand nombre d'hommes politiques de renoncer à leurs programmes respectifs, dès qu'ils ont franchi le seuil du Palais Législatif, ou pénétré dans celui du Sénat.

Comment donc prétendre que, d'un Congrès pareillement constitué, il sortirait un Président qui fût en conformité pleine et entière avec le *desiratum* de la Nation ?

Choisi dans de telles conditions, un président de république n'est pas l'élu du peuple. Il ne pourrait tout au plus être qu'un serviteur servile des diverses coteries politiques, coalisées pour un moment donné, dans une circonstance donnée. Cela implique, en effet, nécessairement des combinaisons, des concessions indignes du grand rôle de président, liant forcément plus ou moins, mais toujours, l'élu vis-à-vis de ses électeurs.

Les adversaires de cette opinion ne sauraient être que des gens aux cerveaux étroits, à vues bornées, à l'esprit obsédé par les questions de personnes. — Mais ce n'est pas là seulement qu'une opinion, c'est la plus pure doctrine républicaine elle-même.

Il ne faut pourtant pas tant que cela se méfier

du peuple. Il ne fait plus peur aujourd'hui qu'aux timides, ou aux imbéciles.

Le peuple n'est pas si aveugle qu'il ne puisse jamais distinguer l'homme probe et intelligent, qui lui est dévoué, de celui qui ne le flatte que pour le mieux exploiter. Ces choses-là n'auraient qu'un temps. Quand elles existent, elles ne sont, dans une jeune démocratie comme la nôtre, qu'un accident destiné à disparaître sous l'influence d'une éducation politique sage, progressive, exempte de haine ou de passion, conforme aux méthodes expérimentales appelées seules désormais à régir les conditions futures de toutes les sociétés.

J'ose affirmer, que, si M. Carnot, avec sa personnalité justement et universellement respectée, daignait encourager cette réforme, notre suffrage universel ne se montrerait pas ingrat envers un service aussi signalé.

Je ne fais qu'indiquer cette voie de progrès en passant, me contentant de la signaler à la bonne volonté et au patriotisme des législateurs futurs.

Sans insister davantage, je veux rappeler ici que, le 28 décembre dernier, S.S. Léon XIII, recevant notre Ambassadeur près le Saint-Siège, lui a tenu un langage qui confirme absolument la rectitude de celui qui précède, touchant le ralliement de tous les conservateurs au gouvernement de la République.

Le Saint-Père a déclaré que les scandales du Panama n'avaient point ébranlé sa foi dans l'avenir de la France, qu'ils n'avaient point discrédité la République, mais seulement ses gouvernants.

Le Pape ajouta qu'il restait ferme dans ses idées et son attitude envers la France ; qu'il redoublerait ses prières pour sa prospérité et sa grandeur ; qu'il serait aussi insensible aux attaques de quelques Français qu'aux avances trop intéressées de la Triple Alliance.

Léon XIII termina en répétant, devant tout le personnel de l'Ambassade, « qu'il ne cesserait de prier pour sa chère France bien-aimée, et que la crise qu'elle traversait la lui rendait encore plus chère. »

Depuis, Mgr d'Hulst, député du Finistère, dans un exposé de la situation qu'il faisait, à Brest, devant un groupe d'électeurs et d'amis, a déclaré de son côté que toute réaction, dans l'avenir, ne pouvait se concevoir « que sur le terrain des institutions établies ».

Voilà donc encore un langage on ne peut pas plus clair, que tous ceux qui s'intitulent *Conservateurs* en France auraient le plus grand tort de ne pas approuver, sans aucune arrière pensée.

Un peu plus tard, dans une longue lettre adressée à M. le comte de Mun, le Pape confirmait ses déclarations antérieures, en adjurant de nouveau tous les catholiques de France de se rallier à la République.

C'était encore, il y a quelques jours, M. Chesnelong qui recevait une autre très-importante lettre, dans laquelle Léon XIII exprime toujours le même désir aux catholiques français, celui de les voir suivre ses conseils dans l'intérêt de la religion et de la patrie.

Sa bienveillante Sollicitude pour la République, malgré les choses peu dignes que la misère des temps nous a révélées, ne se ralentit pas. On ne saurait donc suspecter les intentions du Saint-Père vis-à-vis de la France.

On disait autrefois qu'on ne devait pas être plus royaliste que le Roi. Ne serait-il pas excessif que les Conservateurs de France se montrassent dorénavant moins républicains que le Pape lui-même?

Un avenir prochain ne tardera pas à démontrer avec éclat que M. le député Piou et ses amis sont dans la vérité, et qu'ils poursuivent un but des plus réalisables en voulant constituer fortement une droite républicaine dans le pays, conformément à l'idée première dont M. Edgar Raoul-Duval avait été l'initiateur, avec une clairvoyance si patriotique.

Il est toutefois regrettable qu'avant de pouvoir faire quelques chose de vraiment pratique, il faille reconquérir tout le terrain que la démission du Maréchal Mac-Mahon nous a fait perdre. Pourtant peut-il encore se faire que, de ce côté-là, on ait l'agréable surprise de ne pas rencontrer autant de résistance qu'on se l'imagine communément.

Pourquoi ne pas compter aussi sur la loi fatale d'équilibre, qui sera certainement d'un aide puissant? Après les Whigs et les radicaux républicains, les Torys de la République finiront bien par avoir leur tour.

Leur programme différera sans aucun doute de celui appliqué jusqu'ici, principalement en matière de politique extérieure générale. Mais on peut croire par avance que ce n'est pas la France qui s'en plaindra.

Donc jamais d'intrigue à l'intérieur. Soyons tous fermement unis pour conserver et améliorer nos institutions.

Sachons ne pas tomber dans les nombreux pièges que ne cesse de nous tendre la mauvaise foi de nos ennemis.

.Comme je l'ai dit dans *La Sainte Alliance*, la France dispose aujourd'hui de forces réelles, des plus sérieuses, d'une machine de guerre formidable.

Le moment de l'utiliser est proche.

On ne pourra plus bien longtemps, *quoique l'on fasse*, éviter SYSTÉMATIQUEMENT de s'en servir.

Serrons donc les rangs.

Ayons l'oreille aux écoutes.

Tenons le regard fixe et bien en face du côté des frontières.

En un mot soyons prêts!

AUX LECTEURS

A ceux qui émettraient l'idée que de semblables écrits sont propres à faire le jeu des Allemands, je me contenterai de demander s'ils pensent sérieusement que ce soient dix, vingt, cinquante mille hommes de plus ou de moins massés en Alsace-Lorraine qui seraient, le jour de la pesée solennelle, d'un poids décisif dans la balance.

Quant aux trembleurs, s'il y en a, qui jugeraient que la publication d'un tel opuscule est toujours intempestive, je leur répondrai pour les rassurer, qu'ils ne doivent pas se faire plus d'illusion que moi-même sur le plus ou moins de gravité de sa portée, sur l'accueil qui l'attend.

Qu'ils soient bien convaincus que ces pages n'avanceront pas d'une heure, pas même d'une minute, la liquidation des budgets européens.

Et ce sera tant pis !

Il ne faut donc les prendre que pour ce qu'elles sont : UN COUP DE CLAIRON D'AVANT-GARDE, destiné à tenir en éveil le zèle des patriotes Français et Russes, exciter la vigilance de toutes les sentinelles et montrer à nos frères d'Alsace-Lorraine que, quelque soient nos préoccupations, ils tiennent toujours la première place dans nos cœurs.

FIN

HENRI JOUVE

IMPRIMEUR DE LA FACULTÉ
DE MÉDECINE
15, Rue Racine, 15
PARIS

www.ingramcontent.com/pod-product-compliance
Lightning Source LLC
Chambersburg PA
CBHW051617060726
47597CB00004B/1327